質問と回答

疑問に思ったことや気になったことを、どんどん聞いてみよう。
どんな内容の答えがかえってきたかな？

●はたらいている人への質問

●答えてくれたこと

まとめ・感想

取材でわかった仕事のくふうや、それについて思ったこと、感じたことなどを書いてみよう。

仕事のくふう、見つけたよ

青山由紀 監修

スーパーマーケット・
コンビニエンスストア

金の星社

は じ め に

　みなさんが大人になったとき、どんな世の中になっているでしょう。今よりもさらに AI（人工知能）が活躍しているだろうと予想されています。けれども、いくら AI が進化したとしても、人間にしかできないことがあります。それは、「なぜだろう」と疑問をもち問題を発見する力、見つけた問題を解決する道すじを組み立てる力、物事を比較したり、その関係やつながりを考えたりする力、今までにないことを新たに創造する力、考えたことを自分らしく人に伝える力、相手のことを思いながらコミュニケーションをする力などです。次の時代を生きるみなさんに求められるこれらの力を、効果的に身につけるのに有効なのが、調べ学習です。

　「仕事のくふう、見つけたよ」シリーズは、仕事のくふうについて調べる活動を通して、先ほど述べたような力が身につく構成になっています。調べたい仕事について、事前に準備しておくこと、調べるときのポイント、まとめ方まで、みなさん自身が、調べ学習をしているかのように書かれています。これらは、「仕事のくふう」にかぎらず、何かを調べてまとめる活動をするときのヒントとなるはずです。

　質問を考えたりまとめたりするときのマッピングやベン図、チャート、マトリックスといった図表は、大人になってからも使える、物事を考えるときに力を発揮する手段となります。報告文という目的や形式の決まった文章の書き方も、これから先もずっと使えるものです。

　また、同じ仕事について調べる人にとっては、本書を読んで下調べをすることで調査やインタビューをするときの質問や疑問を考えたりする助けとなることでしょう。同じ仕事でも、たずねる相手によって、くふうはちがうものです。ぜひ、たずねた方から引き出してください。

　このシリーズが、みなさんの調べ学習と自分らしい報告文を書く助けとなることを願っています。

青山由紀（あおやま ゆき）

筑波大学附属小学校教諭。小学校で学級を受け持ちながら、複数の学年の国語の授業をおこなっている。また、筑波大学など複数の大学で、小学校の教員を目指す大学生も指導している。小学校『国語』『書写』教科書（光村図書）の編集委員をつとめる。著書に『「かかわり言葉」でつなぐ学級づくり』（東洋館出版社）、監修に『小学館の子ども図鑑プレ NEO　楽しく遊ぶ学ぶ　こくごの図鑑』（小学館）、『季節の言葉』シリーズ（金の星社）などがある。

も く じ

何を知りたいか はっきりさせよう

調べる前に

仕事のくふうを知りたいなら、
そこではたらいている人に聞くのがいちばん。
質問の内容を考えたり、取材の約束を取りつけたり
など、どうすればいいのでしょうか。

事前にしっかり
予習して、
「取材の達人」に
なろうね！

みんなで話し合って 図にしてみよう

　スーパーマーケットの仕事のくふうを調べようと思ったとき、いったい何からはじめればいいのかこまってしまいますよね。どんな

ことを聞いたらよいのか、考えてみましょう。
　まずは、スーパーマーケットと聞いて思い浮かぶことばを、何人かでどんどん出して、紙に書いてならべてみます。そうしたら、それらのことばどうしのつながりを考えて、下のような図（マッピング）にしてみましょう。

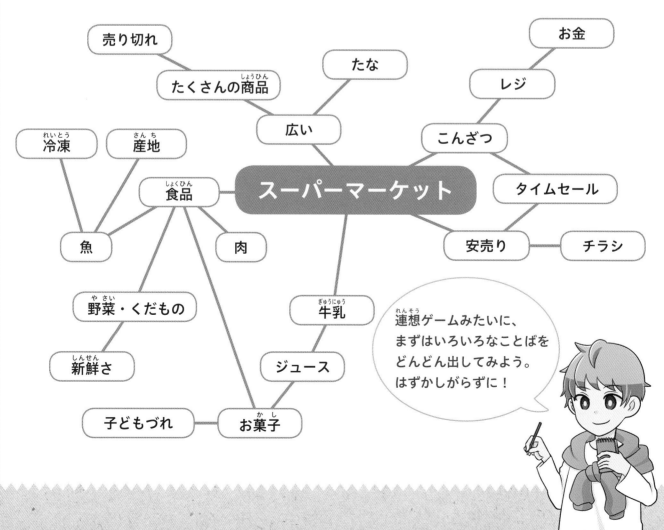

連想ゲームみたいに、
まずはいろいろなことばを
どんどん出してみよう。
はずかしがらずに！

4

具体的な質問を考えよう！

　次に、そのことばについての疑問が出てくると思います。その疑問を解決するための答えをもらえるような質問を考えてみます。

　質問は、

- いつ
- どこで
- だれが
- いくつ（どのくらい）
- どのように（どのような）
- なぜ、何のために

をおさえるようにして、具体的な内容にしましょう。

　また、図書館でスーパーマーケットの仕事を紹介している本を読んだり、インターネットでお店のホームページを見たりして、事前に調べておきましょう。より質問を考えやすくなりますよ。

　考えた質問は、メモに書いて、聞きたい順番や、内容が近いと思う順番にならべておきましょう。

質問はできるだけ具体的に。「はい」「いいえ」で終わらないような質問内容にするのがポイントだよ！

▲▲スーパーマーケットのホームページには、さまざまな情報が掲載されている。多くの場合、連絡先ものっている。

インタビューの しかた

インタビュー、
緊張しちゃうよね。
でも、しっかり準備
すればだいじょうぶ！

質問を考えて、下調べもばっちり。
さあ、いよいよ取材です。でも、その前に
やることもたくさんあります。どんな
準備をするとよいか、見ていきましょう。

▌事前に取材の約束をしよう！

取材のためにいきなりお店に行っても、い
そがしくて時間が取れなかったり、お休みだ
ったりするかもしれません。場合によっては、
迷惑をかけてしまうことにもなります。

ですから、取材をお願いするときは、事前
に電話やメールで問い合わせましょう。てい
ねいなことばづかいで、はっきりと取材の目
的を伝えることがたいせつです。

許可をもらって取材が決まったら、取材先
のお店や施設の場所と取材日時を、先生や家
族の人に事前に伝えておくようにしましょう。

▲学校や家の近所にある場合は、いそがしくなさそうなときに
直接お店の人にたずねてみてもいいよ。

ポイント ！ 電話やメールで伝えること

自分の名前、学校名、学年、連絡先
質問の内容（「仕事でおこなっている
くふうを聞かせてください」など）
取材したい日時
取材に行く人数

電話をするときは、
そばにおとなの人に
いてもらおう！

グループで役割を決めよう！

　1人や2人でも取材はできますが、できれば3～4人でグループを組みましょう。質問する人、メモを取る人、録音や撮影をする人というように役割を分担します。役割に集中することで、話が聞きやすくなります。

　メモ役や録音役の人も、疑問に思ったことがあったら質問してもよいですが、話の途中にわりこまないようにしましょう。

インタビューの練習をしよう

　実際に取材に行く前に、先生や友だちを取材先の人に見立てて、練習をしてみましょう。練習をしっかりやっておくと、本番で緊張したり、あわてたりせずにすみます。

　基本的には、事前に考えておいた質問の順番に話を聞いていきます。話の流れの中で、別なことへの疑問が浮かんだら、今している質問の答えを聞き終わってから、あらためて質問をしましょう。

メモを取る人

えんぴつ
ノート

レコーダー
カメラ

話を聞く人　　録音・撮影する人

ポイント！ インタビューで注意すること

取材する人の目を見て話を聞こう

相手の話をさえぎらず、最後までしっかり聞こう

答えに対してわからないことがあったら、その場で確認しよう

ていねいなことばで話そう

終わったら、しっかりとお礼を言おう

ポイント！ インタビューの手順の例

1 あいさつ
こんにちは、私たちは○○小学校の3年生です。

2 インタビューの目的を説明
今日は、スーパーの仕事のくふうについてお話をうかがいに来ました。

3 質問メモにそって質問

4 取材中に浮かんだ追加の質問

5 お礼のあいさつ
取材を受けていただき、ありがとうございました！

仕事のやりがいやたいへんなことなど、本だけではわからない質問も聞けたらいいね。

スーパーマーケットを調べよう

たくさんの食料品や日用品が売られている、スーパーマーケット。お店の商品は、どのようにならべられているのでしょうか。売り場のようすをチェックしてみましょう。

 情報 ① 商品は、こうして売り場にならべられる！

　多くのお店では、開店する前の朝と午後に、トラックにつまれたたくさんの商品がとどきます。とどいた商品は、すぐに売り場にならべられるものと、コロッケやサラダなどのそうざい（おかず）のように、調理をしてから売られるものがあります。

　商品の種類は、大きく分けて、食品と、ティッシュペーパーや調理器具などの日用雑貨です。売り場面積の大きいお店では、下着などの衣類も売っています。これらの商品は、売り場の決められた場所にならべられます。

 情報 ② 売り場以外に、商品の倉庫や調理場がある

　スーパーマーケットには、売り場のほかに、事務室や休けい室、商品をストックしておく倉庫、冷蔵庫や冷凍庫を置いた調理場などがあります。

　これらの売り場でない場所のことをバックヤードといいます。バックヤードの調理場には、魚をさばいたり、野菜をカットしたり、そうざいなどをつくったりする人がいて、商品を売り場に出すための準備をしています。また、缶づめなどの加工食品や、雑貨などの商品は、売れて数が少なくなってきたら、倉庫から出し、売り場にならべられます。

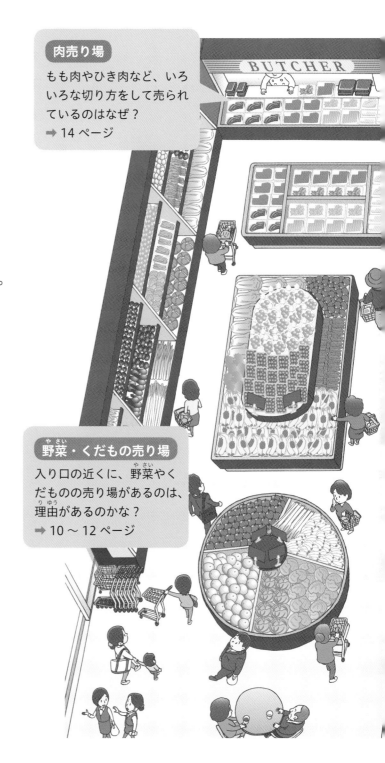

肉売り場
もも肉やひき肉など、いろいろな切り方をして売られているのはなぜ？
➡ 14 ページ

BUTCHER

野菜・くだもの売り場
入り口の近くに、野菜やくだものの売り場があるのは、理由があるのかな？
➡ 10 〜 12 ページ

情報③ 商品が置かれている場所に注目！

　商品は、お店の売り場の中の決まった場所に置かれていて、お客さんが自由に手に取って見ることができるようになっています。

　下の絵は、あるスーパーマーケットの店内です。店内をよく見ると、「買いものがしやすいくふう」「商品をたくさん買ってもらうためのくふう」がつまっています。

▲売り場の裏側にあるバックヤード。お店にとどいた商品はここで管理される。取材をお願いするときは、バックヤードの中を見せてもらえるかどうか、たしかめておこう。

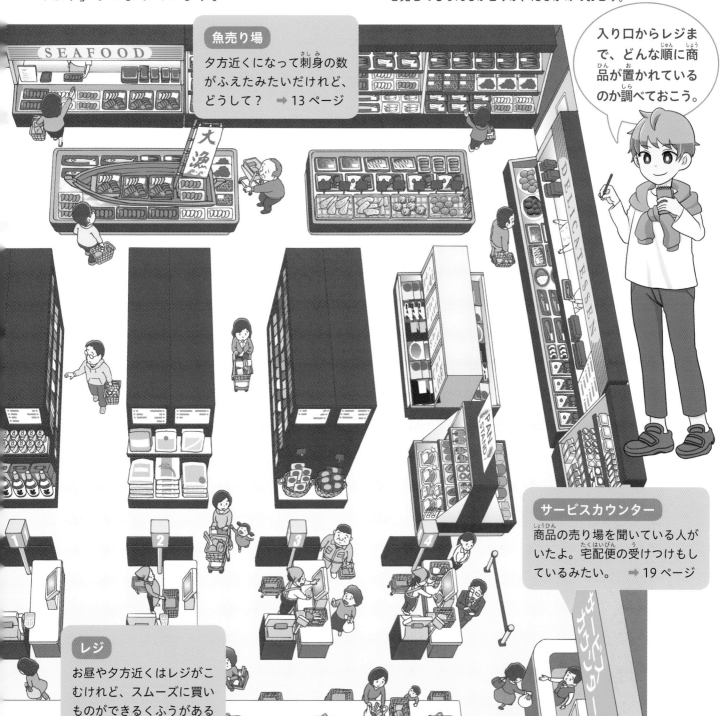

入り口からレジまで、どんな順に商品が置かれているのか調べておこう。

魚売り場
夕方近くになって刺身の数がふえたみたいだけれど、どうして？ → 13ページ

サービスカウンター
商品の売り場を聞いている人がいたよ。宅配便の受けつけもしているみたい。 → 19ページ

レジ
お昼や夕方近くはレジがこむけれど、スムーズに買いものができるくふうがあるのかな。 → 18ページ

スーパーマーケットを調べよう

売り場の配置には、くふうがたくさん！

スーパーマーケットは、どのお店も売り場のつくりが似ています。それは、「買いものがしやすい」と思ってもらうためのくふうがあるから。その"しかけ"を見つけましょう！

くふう 1 入り口の近くに季節を感じる商品を置く！

スーパーマーケットの多くは、入り口の近くに野菜・くだものの売り場があります。おいしい旬の野菜やくだものが、入り口の近くに置いてあると、食欲がわいてきて、商品を手に取ってもらいやすくなるからです。

野菜やくだもののほかにも、季節を感じてもらうためのくふうがあります。たとえば、クリスマスやお正月、バレンタインデー、お花見などは、みんなが楽しみにしている季節の行事です。お店では、早い時期から特設コーナーをもうけて、行事に関係した商品を売り出します。

じつは、これもお店のくふうや作戦のひとつです。早い時期から商品をならべると、お客さんも買いものの計画を立てるようになります。また、お店で長いこと目にしていた商品に愛着をもつようになり、ほしいという気もちが強まるのです。

▼クリスマスの商品をそろえた特設コーナー。季節限定の特設売り場は、お店の入り口近くや目立つ場所につくられる。

▲野菜の特設コーナー。生産者の写真をのせて、お客さんに身近に感じてもらえるようなくふうをしている。

特設コーナーにならぶ商品はさまざまだよ。どんな商品があるのか調べて、お店の人にその理由を聞いてみよう。

くふう2 置かれる順番には意味がある！

　売り場をひとまわりしてみると、商品の置き方に特徴があることがわかります。冷蔵や冷凍が必要な商品は、売り場全体をかこむように壁にそってならび、売り場のまん中には、調味料やお菓子、酒、日用雑貨などの商品だながあります。出入り口の近くには、弁当やそうざいのコーナーと、会計をするレジがあります。

　このように置かれているのは、お客さんから見た「買いやすさ」を考えているからです。お客さんの多くは、毎日のこん立てに合わせた商品を買います。まず、入り口で野菜、次に肉・魚売り場をまわって、近くの商品だなから必要な調味料をえらびます。スーパーマーケットでつくったおかずを買うこともあるので、そうざいコーナーはレジにむかう途中にあります。

　また、弁当やパンを目当てに買いものに来るお客さんが多い店では、出入り口やレジに近い場所にその売り場をもうけています。

▲色あざやかな商品がならぶ野菜売り場。ここにも、思わず手に取りたくなるくふうやアイデアがある。（➡ 12ページ）

▶レジから近い場所にあるパン売り場。近くにジャムなど、パンに関係した商品を置くのも、買いものに便利なくふうだ。

取材をするときは、どんなお客さんが多いのか聞いて、売り場をどうくふうしているのかたずねてみよう。

▲たくさんの商品がならぶ店内。入り口の近くに野菜売り場、くだもの売り場があり、壁にそって歩いていくと、肉売り場、魚売り場がある。

お仕事インタビュー

地域の人に役立ち、買いものがしやすいお店に

　スーパーマーケットは、地域のくらしと深いつながりがあります。そのため、お店では、地域のお客さまに役立つ商品を仕入れ、買いものをしやすい環境をととのえています。

　当店ではたらくスタッフは、午前中に20人、午後は28人、夕方からは12人くらい。加工作業や売り場への品出し作業などをおこないます。すべての仕事を管理するのは、店長の私の仕事です。朝礼や午後のミーティングもたいせつで、売り上げ目標を伝えたり、話し合ったりして心を一つにします。そうしてお客さまをむかえているのです。

（スーパーマーケット店長）

野菜売り場、魚売り場のくふう

「お店の顔」となる野菜やくだもの売り場には、さまざまなくふうがあります。
新鮮な魚を買ってもらうために、お店がおこなっている「売り方」にも注目しましょう！

くふう 3 野菜、くだもの売り場は食品の色で配置が決まる！

　ほとんどのスーパーマーケットで、入り口の近くにある、野菜やくだものの売り場は、「お店の顔」ともいえる大事な場所です。この売り場に、食べごろの野菜やくだものがたくさんならんでいると、「いつも新鮮な商品を買えるお店」として、評判がぐんと上がるといいます。

　そこでお店では、野菜売り場を広く取って、「産地直送野菜」や「地元野菜」の販売コーナーなどをもうけています。中には、おすすめ野菜を使った、料理の動画を流すお店もあります。これらは、いろいろな種類の商品をたくさん買ってもらうためのお店のくふうです。

　また、似た色の野菜を集めてならべたり、こい色の食品の間にうすい色の食品をはさんだりするなど、野菜やくだもの色を生かしたならべ方をくふうしています。すると、売り場が美しく見えて、よりおいしそうに感じるのです。

▲赤いりんごの列の間に黄色いりんごをならべることで、美しく、おいしそうに見えるくふうをしている。

▲ブロッコリースプラウトの売り場に置かれた料理の動画。商品を使い切ってもらうための、お店のアイデアだ。

▼地元野菜と、産地別の野菜を売る特設コーナー。うしろの商品だなにも、種類別の野菜がずらりとならぶ。

野菜やくだものは、仕入れた状態のまま売るものと、カットしてから売るものがあるんだね。どうしてだろう？

くふう 4 新鮮な魚介を食べてもらう 魚売り場の値引き作戦!

　魚売り場の仕事は、朝、トラックにつまれてお店にとどいた新鮮な魚介（魚、貝、エビ、カニ、イカ、タコ、ウニなど）を、商品として売り場に出すことです。

　商品は、そのままパックに入れて売るもの、切り身や刺身などにスタッフが加工してから売り場に出すものなど、さまざまです。きれいに仕上げるのはもちろんのこと、魚をすばやくさばいて、おいしさをたもったまま、売り場に出します。これもお店のくふうの一つです。

　くふうは、ほかにもあります。刺身は時間がたつにつれて鮮度が落ちてくるので、その日に売り切らないといけません。そこで、お客さんがふえてくる午後に商品をふやします。売れのこった商品は夕方から値引きをはじめ、閉店近くなると半額まで値段を下げます。値引きはほかの売り場でもおこない、商品が売れのこって捨てられることがないようにくふうしています。

▶夕方になる前に加工したばかりの刺身をならべる。売り場には、魚料理に使う調味料も売っている。

> 野菜、くだもの、魚、肉などは、値引きすることで、むだを出さないようにしているんだ。

▲刺身のもり合わせをつくるスタッフ。作業場はせいけつにたもたれ、温度もきちんと管理している。

▼重さをはかりながら、シラスのパックづめをするよう。衛生管理のために、帽子や手ぶくろ、マスクを身につける。

スーパーマーケットの仕事のくふう

13

肉売り場、そうざい売り場のくふう

スーパーマーケットの中で、肉売り場、そうざい売り場も人気の高い売り場です。
肉やそうざいを、よりおいしく見せるための売り場のくふうについて調べましょう！

くふう5 つくる料理に合うように、いろいろな形に肉を加工！

肉売り場には、牛肉、ぶた肉、とり肉などの生肉と、ハムやソーセージなどの加工食品がならんでいます。肉は、「牛もも肉のうす切り」「ぶたひき肉」「若どりからあげ用」など、いろいろな形に加工されています。

スーパーマーケットには、部位ごとに分けられた大きなかたまり肉がとどくので、それを切り分けたりして加工していきます。お店によっては、すでに加工された肉がとどく場合もあります。最近は、加工後に味つけをした、焼くだけで食べられる商品もふえています。

部位ごとに加工された肉は使いやすく、味つ

けされた肉は、短時間でおかずがつくれます。これも、お客さんの便利さを考えたくふうです。

また、肉も新鮮さがたいせつなので、状態をこまめにチェックし、消費期限の近づいた商品は値引きをすることで、いつも新鮮な商品を買ってもらえるようにしています。

▲肉の状態をチェックしているようす。消費期限が近いものは、割引のラベルをはって冷蔵ケースにならべる。

▲さまざまな肉がならぶ売り場。値引き品のほかに、特売品を売ることもある。

肉を使ってかんたんに料理ができるレトルト食品も置いてあるよ。こんだてを考えるお客さんを手助けするのも、くふうなんだね。

6 くふう できたてのそうざいが味わえるくふう

スーパーマーケットには、そうざいや弁当のように、お店で調理する食品があります。そうざいは、トンカツやてんぷら、焼き鳥、煮物、すし、サラダ、サンドイッチなど、さまざまな種類があります。商品の数は、200種類以上というお店もあり、週がわりなどで内容をかえて売り場にならべられます。

たくさんのそうざいが売り場にならんでいると、えらぶ楽しみがあります。焼き鳥などの商品も、1本から買えるのでとても便利です。最近ふえてきているお年よりの夫婦や、ひとりぐらしのお客さんが買いやすいようなくふうをしているのです。

また、お昼に弁当を買いに来たり、夕食のおかずにそうざいを買うお客さんが多いことから、お店ではその時間帯に合わせて調理をします。これは、できたてで、あたたかいそうざいや弁当を買ってもらうためのくふうです。

お仕事インタビュー

試食販売で商品を広めお店のファンになってもらう

スーパーマーケットでは、週末になると、商品を味見してもらう、「試食販売」をおこなうことがあります。当店の場合は、本マグロの中トロや、黒毛和牛のステーキなど、味のよい高級品が多いですね。

なぜかというと、ふだん買う人が少ないおいしい商品を、多くのお客さまに知ってほしいからです。"おいしい！"と感じていただければ、その日に売れなくても、別の日に買ってもらえるチャンスがあります。お客さまに、"ごちそうを買おう"と、思ってもらえるとうれしいですね。

（スーパーマーケット店長）

◀すし、弁当、あげもの、煮物、サラダなどがならぶそうざい売り場。たくさん種類があるので売り場が広い。

▶お店で調理したコロッケやトンカツなどがならぶ人気のコーナー。置き場所を段ちがいにして、見えやすくしている。

▲肉の特売に合わせて、試食販売をおこなうよう す。試食販売は、お店の商品を売りこむチャンス。

煮物やサラダなど同じ種類のそうざいでも、量が多いものと少ないものがあるのはなんでかな？　答えを予想して、理由を聞いてみよう。

15

お菓子、日用品売り場などのくふう

スーパーマーケットでは、生鮮食品のほかに、お菓子などの加工食品や日用品などを
売っています。たくさんある商品を、どのようにくふうして管理しているのでしょうか。

くふう 7 商品の状態や必要な数を一つ一つチェックする！

野菜、くだもの、魚、肉などの食品を、加工してつくったものを加工食品といいます。たとえば、魚のすり身などからつくられるはんぺんや、牛乳からつくられるヨーグルトなどのデイリー商品、お菓子、インスタント食品、ジャム、調味料、ペットボトルの飲みものなどです。

スーパーマーケットの売り場には、加工食品だけでも1万種類以上あります。お店のスタッフは、売り場にたくさんならぶ商品を一つ一つ調べ、パッケージがやぶれているなど、状態の悪い商品を取りのぞいていきます。

売れて数が少なくなった商品は、倉庫から出して売り場にならべたり、必要な数を注文します。また、賞味期限などが近づいている商品には値引きシールをはっていきます。こうして、商品をていねいに管理することも、気もちよく買いものをしてもらうためのくふうです。

> スーパーマーケットに毎日とどく商品を「デイリー」というよ。賞味期限が短いものが多いので、商品だなの前のほうから日にちが早い順にならべるんだ。

▲ヨーグルトの売り場で、チェックをおこなうスタッフ。手にもった端末機で、在庫が少ない商品を調べ、注文をする。

▲お店のまんなかあたりに、ずらりとならんだ加工食品。たくさんの商品を、売り場ごとに調べていく。

くふう8 お客さんの"便利さ"を考え 商品のならべ方を決定

スーパーマーケットには、食品以外にも、洗剤やティッシュペーパー、歯ブラシ、文具などの日用品を売っています。食品を買うときに、雑貨もいっしょに買えれば便利だからです。そこで、お店では、お客さんがよく買う雑貨を中心にえらんで、売り場にならべています。

買いもののしやすさを考えたくふうは、商品の配置にも見られます。商品だなや商品ケースは、上・中・下段に分かれていて、下段にはよく売れる仕入れ数の多い商品や、値段の安い商品をならべます。中段は種類が多くよく売れる商品、上段には種類の多い商品をならべます。つまり、人気の商品を、手に取りやすい位置に置いているのです。

また、商品だなのはしに、広告にのせた特売品をならべたり、「平台」というケースの中に季節の商品などをならべて、商品を目立たせるくふうもしています。

平台の特売品の近くには、たいてい、その商品と関係のある売り場があるよ。ほかの商品も買ってもらおうというお店の作戦だね。

▲洗剤やティッシュペーパーなど、重いもの、かさばるものが多い日用品売り場は、最後に買えるようにレジの近くにある。

◀商品だなのはしにならべられた特売品コーナー。手前にあるのは「平台」にならぶ、季節のおすすめ商品だ。

▶そうざいや、調理された加工食品がならぶ商品ケース。下段には、仕入れ数の多い人気のPB商品や、安い値段で買える商品がならんでいるよ。

お仕事インタビュー

お店とメーカーがつくる PB商品の安さのひみつ

当店には、『食卓応援セレクト』というPB商品があります。PB商品とは、メーカーとスーパーマーケットがいっしょにつくるオリジナル商品で、ほかの商品にくらべて値段が安いのが特徴です。

当店のPB商品は、飲みもの、そうざい、加工食品など種類が多く、全国のお店で売られています。メーカーがつくる商品を大量に仕入れれば、仕入れ値が下がりますから、商品も安く売れます。こうして、お客さまに、よい商品を安く買っていただくためのくふうをしているんですよ。

（スーパーマーケット店長）

レジとサービスカウンターのくふう

お店の出入り口の近くにある、レジとサービスカウンターのさまざまなくふうや、
スーパーマーケットがおこなっている、便利なサービスについて調べてみましょう。

くふう 9 レジスターとセルフレジで、買いものをスピードアップ！

レジでは、お客さんがえらんだ商品についているバーコードを、機械で読み取りながら商品の合計を出していきます。

バーコードを読み取ると、「レジスター（レジ）」という機械が、自動で商品の値段を計算します。バーコードがない、ばら売りの野菜やくだものなども、レジのタッチパネルにあらわれる商品名や絵をタッチすれば会計ができます。お客さんからあずかる現金も、レジに入れるだけでおつりが出るしくみになっています。

スーパーマーケットでは、このように便利なレジを4～5台置き、会計をスムーズにしています。このほかに、商品のバーコードの読み取りから会計までお客さんがする「セルフレジ」や、お客さんが会計だけをする「セミセルフレジ」を置くお店があります。こうして、待ち時間を少なくするくふうをしているのです。

▲ばら売りの野菜を会計するスタッフ。タッチパネル画面から、当てはまる野菜の名前をえらべば、自動で会計してくれる。

▲レジ係のスタッフに、商品バーコードを読み取ってもらい、自分で会計をおこなうセミセルフレジ。かんたんに使えて便利。

商品のバーコードは、その商品の名前や値段のほか、売り上げ金額、売れのこり数などが読み取れる。これをもとに商品を注文するよ。

◀値引きする商品をならべるときは、もとのバーコードにシールをはって、読み取りのまちがいをふせぐ。

10 お客さんの要望にこたえる さまざまなお店のサービス

　大きなスーパーマーケットには、レジの近くに「サービスカウンター」というお店の窓口があります。ここでは、お店に来るお客さんの、いろいろな要望にこたえています。

　たとえば、「調味料はどこですか？」「○○という名前の商品はありますか？」という問い合わせに対して、ていねいな案内をしています。

　また、「商品をプレゼントにしたい」と希望すると、包装紙できれいにつつんでくれたり、宅配便の受けつけをしてくれたりするお店もあります。ギフト券やポイントカードがほしい場合も、サービスカウンターで受けつけています。

　ほかにも、スーパーマーケットがインターネットで注文を受けて、家の近くにあるお店から商品をとどける、「ネットスーパー」というサービスもあります。このように、お店では、お客さんに「便利だな」と思ってもらえるサービスを、いろいろとくふうしているのです。

▲レジのコーナーにあるサービスカウンター。お店のことをよく知っているスタッフがお客さんを案内する。

▲サービスカウンターで、領収書の発行を受けつけているスタッフ。お客さんのいろいろな要望に、いつも笑顔でこたえるよ。

◀ "マイバッグ"をもってお店に来る人もふえているので、オリジナルバッグや買いものに便利なバッグを売るお店も多い。

▶牛乳パック、食品トレー、ペットボトルなどを回収するサービス。リサイクルに役立てる取り組みも積極的に行っている。

最近は環境を守る取り組みとして、レジぶくろを使わない人がふえているんだって。

19

チラシ、売り場のかざりつけのくふう

スーパーマーケットでは、多くのお客さんに買いものに来てもらえるように、商品を宣伝したり、売り場をくふうしています。どんなくふうがあるのかチェックしてみましょう。

くふう 11 お店のチラシをつくって、安売りの期間を宣伝する！

　スーパーマーケットでは、「月間お買いどく品」や「日替わりセール」など、さまざまな特売をおこないます。また、「入学お祝いフェア」などのように、テーマを決めて、高級な食品を買いやすい値段で売り出すこともあります。

　特売の期間は、多くのお客さんに買いものをしてもらうチャンスなので、チラシをつくって宣伝します。スーパーマーケットの本部は、特売商品の一年間（52週）の販売計画を立て、地域ごとに売り出すテーマを決めてチラシをつくります。それぞれの地域のお店は、そこに自分のお店の名を入れてチラシを完成させます。

　完成したチラシは、新聞のおりこみに入れたり、お店の入り口やレジの近くなど、目立つ場所にはります。チラシをはるのは、商品を見つけやすくすることと、特売の期間中に、ふたたび、お店に来てもらうためのくふうです。

▲お店にはられた、日替わりの特売商品を知らせるチラシ。地域ごとに売れる商品を考えて、チラシをつくっている。

チラシの左上には、お店が特にすすめたい商品がのっているよ。人の目線はふつう、左上→右上→左下→右下へと動くので、それを利用したくふうなんだ。

▶安売りしている、ぶたのしゃぶしゃぶ用の肉。お店の中では、ポスターなどを使って、特売していることをアピールするんだ。

くふう12 オリジナルのかざりつけで、楽しい売り場をつくる！

スーパーマーケットの売り場を歩いてみると、そのお店でつくられた、オリジナルの広告や、かざりつけがあることに気づきます。

たとえば、マンガに出てくるようなふきだしに、商品の説明が書かれていたり、手書きふうの文字やイラストで商品が紹介されているなど、見ているだけで楽しくなるような広告です。また、お菓子売り場やパン売り場の商品だなの上段に、メーカーのキャンペーン商品がかざられていることもあります。

これらの広告やかざりつけは、お客さんに楽しく買いものをしてもらうための、お店ごとのくふうです。スタッフは、さまざまなアイデアで、手づくりの売り場をつくっているのです。

ハロウィン、クリスマス、バレンタインデー、ひなまつり、お花見などの季節の行事のかざりつけは、メーカーが用意したかざりも利用できるので、特に目を引くことができます。

テレビ番組で紹介された商品を売り場にたくさんならべることも、売り上げをのばすくふうだよ。

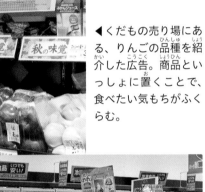

▶くだもの売り場にある、りんごの品種を紹介した広告。商品といっしょに置くことで、食べたい気もちがふくらむ。

▶商品だなの上に置かれた、プレゼントのお知らせやキャンペーングッズ。目立つようにかざって、お客さんの目を引く。

◀マンガのふきだしのような絵がかかれた商品だな。わかりやすく、商品を見ていると楽しい気もちにさせるくふうだ。

お仕事インタビュー

天気や気温に合わせた販売で売れ行きをよくするくふうを

スーパーマーケットでは、販売計画にしたがって商品を仕入れ、販売しています。そのとき参考にするのは週間天気予報です。天気や気温により、売れる商品がかわるからです。

当店では、天気がかわりやすく、温度差がはげしくなる季節には、売りこむ商品を2パターン用意し、売れ行きをよくするくふうをしています。たとえば、6月の梅雨の時期は、晴れた日には冷やし中華、雨で気温が下がった日はラーメンなど、内容を少しかえるのです。仕入れる商品や数も調整するので、売れのこりの心配もほとんどないですよ。

▲自由にもち帰りできる料理のレシピ。お店で売っている商品を使ってつくれるので便利だ。

（スーパーマーケット店長）

まとめる

取材結果を ふりかえろう

お店の人への取材で、いろいろな話を聞くことができました。次は、その結果をあらためてグループで話し合って、思ったことやわかったことをまとめましょう。

取材したことを
わすれて
しまわないように、
なるべく早めに
しようね！

取材の結果を話し合おう

みんなでそれぞれ、思ったことを話し合いましょう。まずは、話がバラバラにならないように、取材したときの流れを書き出して、見学した場所や話を聞いた順番を整理していきます。取材した順番でテーマごとに話し合うと、そのときに感じたことを思い出しやすいです。

ほかの人が思ったことや気づいたこともメモに書いておきましょう。新しい発見や疑問が見つかるかもしれません。

ポイント

！ こんなことを話してみよう

どんなことを聞いたか

お店の人の回答

自分が思ったこと、感じたこと

特にすごいと思ったくふう

取材前に
考えていたことと、
実際に取材して
わかったことの
ちがいを話し合っても
おもしろいね。

取材メモをカードにまとめる

　取材で聞いた話や取材後の話し合いでほかの人から出た意見をメモに取りましたね。報告文にまとめるために、そのメモを整理していきましょう。小さなカードに書き出していくと、見くらべたり、テーマごとに分類しやすいので、わかりやすくなります。あとから文章にするときにならべかえて使えるので、とても便利です。

　たとえば、スーパーマーケットの取材では、売り場ごとにカードをつくってみてもいいでしょう。

ポイント
! カード化のコツ

- メモを見て、思い出しながら書きこむ
- 短い文章でかじょう書きにしてまとめる
- 共通する話やくふうを赤ペンやマーカーなどでチェックする
- 報告文に書くことを考えながらカードをつくる

野菜売り場
- 季節の野菜が入り口の近くにある。
- 新鮮でカラフルに見えるくふうをしている。
- 動画を流して調理方法やメニューを知ってもらう。

カードにして
まとめることで
大事なポイントが
見えてくるね！

魚売り場
- お店の調理場で切り身や刺身に加工している。
- 売れやすい夕方に商品を多く出し、新鮮なものを手に取ってもらう。
- 売れのこりが出ないように値引きをする。

そうざい売り場
- たくさんの種類をそろえ、あきないようにくふうをしている。
- 一人ぐらしやお年よりむけの少量のパックづめ商品も置いている。
- 売れのこりが出ないように値引きをする。

文章にまとめて報告しよう

ほかの人に
わかりやすく
伝えるためには、
ここが大事な
作業なんだ。

次は、報告文を書く準備に移りましょう。つくったメモやカードをもとにして、取材結果を整理し、伝えたいことや文章の組み立てについて考えていきます。

▌表にして整理しよう

　報告文でたいせつなのは、そのお店のことや、仕事のことをよく知らない人にもわかりやすく伝わるように、順序立てて文章を組み立てることです。

　いきなり文章にするのはむずかしいので、報告文を書く前に、カードをもとにして、「疑問に思ったこと」「実際に聞いたこと」「そのときに感じたことや考えたこと」のように分類して、表をつくってみましょう。あとで文章にまとめるときに役立ちます。

疑問に思ったこと	聞いたこと	考えたこと
どうして入り口の近くに野菜売り場があるの？	きれいな色でお客さんの目を引く。また、野菜を買っていくお客さんが多い。	お店に入ってすぐカラフルな色が目につくと、おいしそうで食欲がわいてくる。
夕方になると刺身やそうざいがふえるのはなんでだろう？	夕食を買いにくるお客さんに新鮮なものを手に取ってもらうために、つくる時間を調整している。	できたての食べものはおいしそうで買いたくなる。
どうしてタダで試食をすすめているのだろう？	試食と販売をいっしょにすることでその商品のよさを知ってもらい、商品を買ってもらう。	試食で食べてみておいしかったら、買ってみようと思う。

疑問、答え、感想が
見やすく
まとまってきたね！

24

文章の組み立て方

いよいよ、報告文を書いていきます。

今回は、

・調べた理由

・調べた方法

・調べてわかったこと

・まとめ

の４つの段落に分けて考えてみましょう。

はじめに、なぜその仕事やお店を取材しようと思ったのか、どんな疑問をもったのかを書くと、読む人の興味を引きます。次に、どんな方法で調べたのか、どんな人に話を聞いたのかを書きます。

そして、実際に取材に行ってわかったことや学んだことを説明していきます。ここが報告文の中心となります。読む人にわかりやすく、しっかり書くため、文章はいちばん多くなります。最後は感じたことや自分の意見を書いて、まとめにしましょう。

読みやすさに加えて、読み手に報告文の内容が伝わる表現を考えてみよう。

ポイント！ 文章を書くときの注意点

そのお店や仕事のことをよく知らない人が読むことを考えて、ていねいに説明する

文章の量によって取りあげる内容をえらぶ

「です・ます」または「だ・である」など、文章の最後をそろえる

同じ話をくりかえさないように気をつける

ポイント！ 書き方のヒント

見たことがない人にも伝わるように、具体的に書こう

（例）「取材したスーパーマーケットのバックヤード（倉庫）は、教室２個分ぐらいの大きさで、たくさんの段ボールがつまれていました。」

読み手に疑問を投げかけてみよう

（例）「ほとんどのスーパーマーケットでは、お店に入るとまず野菜・くだもの売り場があります。なぜでしょうか。」

絵や写真をじょうずに使おう

文章だけでは伝わりにくいと思った点は、写真や図、表などを入れるとわかりやすくなる。たとえば、スーパーマーケットでは売り場の写真や見取り図などを入れると読み手に伝わる報告文になる。

色や形などのようすを正確に伝えたいときは写真を使うととても効果的だよ。

スーパーマーケットを取材したまとめ

いよいよ、発表のときが近づいてきましたね。報告文の確認と仕上げに取りかかります。実際の報告文の例を見てみましょう。

> ここがうでの見せどころ。
> くふうや魅力をまとめよう。

報告文のコツ

報告文でいちばんたいせつな点は、わかりやすさです。これまでに書いたカード、表、撮影した写真などをならべて、見たこと、聞いたこと、思ったことを順序立てて、書いていきましょう。

> 読み手の気もちになって書くんだね。

スーパーマーケットの仕事のくふう

名前　○○○○

1、調べた理由

わたしは家族といっしょにスーパーに行くのが大すきです。スーパーに行くといつもおいしそうなやさいや肉、そうざいなどがあり、とてもワクワクします。そこにはどんなくふうがあるのかを調べてみました。

2、調べたほうほう

○×スーパーに行き、店長の○○○○さんにお話をうかがいました。

3、調べてわかったこと

(1) 商品のならべ方

スーパーでは、商品をおく場所に気をくばっていることがわかりました。多くのスーパーでは入り口の近くにやさい売り場がありますが、やさいを買うお客さんが多いのと、食べごろのやさいをおいてお客さんの目を引くためだそう

まとめた文を見直そう

まとめた文を読み直し、まちがいなどがないか、確認します。声に出して読むと、まちがいを見つけやすくなります。また、発表の前にグループでおたがいの報告文を読んで、感想を出し合うのもいいでしょう。自分だけでは気づけなかったまちがいや、もっとよくするためのポイントを仲間が見つけてくれることもあります。

ポイント
! タイトルは大きく

タイトルは大きく、見出しはそろえることで、見た目にメリハリが出ます。

ポイント
! できるだけ具体的に

「いろいろ」ということばは使わずに、取材に行ったからこそわかったことをくわしく書きましょう。

です。やさいやくだものはカラフルなので、ふんいきが明るくなります。ほかにも安売りのチラシやかざりつけなど、お客さんの目を引くくふうが店内にはたくさんありました。

ポイント
! 写真や図も使おう

写真や図、表などを入れることで読み手に伝わりやすくなります。

(2) スーパーのうらがわ

スーパーには調理場もあり、肉や魚を切ったり、そうざいをつくったりもしています。きせつや天気、時間に合わせ、売れやすい商品をしんせんなじょうたいで出しているそうです。

ポイント
! まとめはわかりやすく

どんなくふうがあったのか、感想などをわかりやすく書きましょう。

4、まとめ

しゅざいを通して、スーパーにはお客さんに「買いたいな」「べんりだな」と思ってもらうためのくふうがたくさんあることに気づきました。さいきんではセミセルフレジをおいて、レジの待ち時間をへらすくふうもしているそうです。これからスーパーに行くときは、ほかにもくふうをさがしてみようと思います。

次は
コンビニエンス
ストアを
取材してみよう！

27

コンビニエンスストアを調べよう

コンビニエンスストアには、「便利なお店」という意味があります。早朝や深夜でも
ひらいていて、名前の通りとても便利です。ほかに、どんな特徴があるのか調べてみましょう。

情報① 夜中から1日10回以上、次々と商品がとどく！

コンビニエンスストアには、夜中から次の日の夕方にかけて1日10回以上、たくさんの商品がトラックでとどきます。ほとんどの商品が夜中と昼間に、新鮮さがたいせつな弁当などは、朝、昼、夜の3回に分けてとどけられます。

商品をつんだトラックは、同じ会社のコンビニエンスストア各店に、予定の時間通りにつくように、順番に商品をとどけていきます。商品は、それぞれに合う温度をたもちながらはこびます。荷台を温度別に区切った1台のトラックに、商品をふり分けてはこぶ場合もあります。

情報② 24時間、年中無休のお店が全国にたくさんある！

コンビニエンスストアの多くは、一年中、24時間営業をしています。お店は全国のさまざまな地域に、6万店くらいあります。これは、スーパーマーケットの約3倍の数です。

24時間営業をおこなう理由は、いつでもほしい商品を買ってもらうためです。そのほかにも、夜道で危険な目にあってお店にかけこんで来た人を守ったり、災害にあって帰れなくなった人の要望に応じて飲み水を提供したりする社会活動もおこなっています。

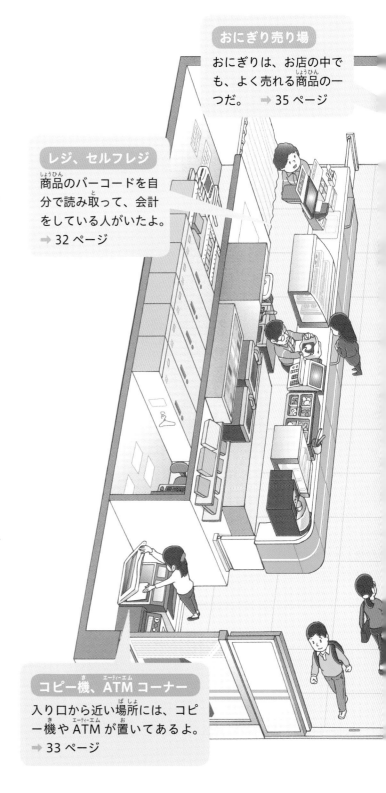

おにぎり売り場
おにぎりは、お店の中でも、よく売れる商品の一つだ。 ➡ 35 ページ

レジ、セルフレジ
商品のバーコードを自分で読み取って、会計をしている人がいたよ。 ➡ 32 ページ

コピー機、ATM コーナー
入り口から近い場所には、コピー機やATMが置いてあるよ。 ➡ 33 ページ

情報 ③ いつも新発売の商品がならび、チケットなども買える！

コンビニエンスストアには、お菓子、パン、おにぎり、弁当など、いろいろな売り場に「新発売」の商品があります。銀行のATM、コピー機、チケットなどを買える機器があるのも大きな特徴です。下の絵は、コンビニエンスストアの店内を図にしたもので、お客さんに来てもらうためのくふうがたくさん見られます。

▲コンビニエンスストアの入り口。銀行ATMやチケット手つづきなど、さまざまなサービスをおこなっていることをしめすステッカーがはってある。

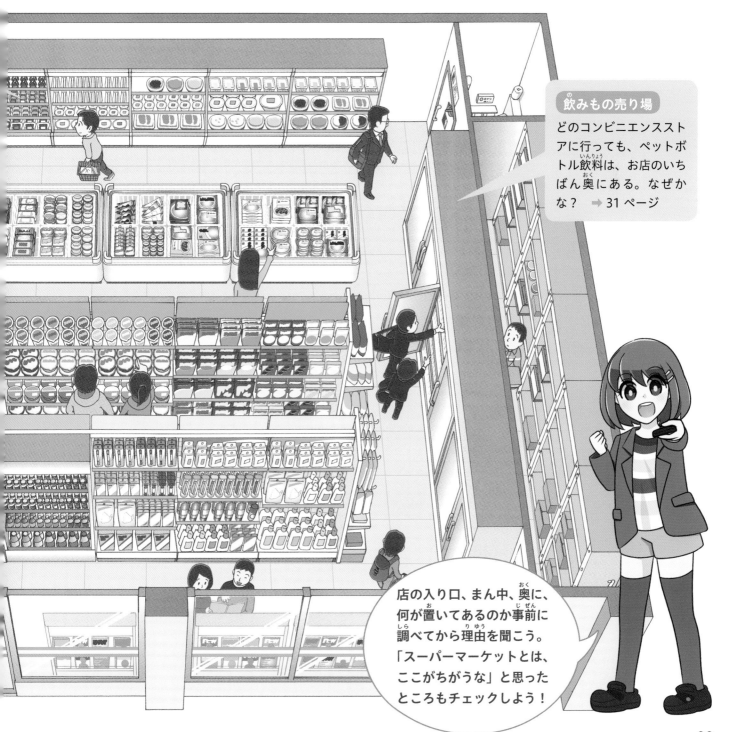

飲みもの売り場

どのコンビニエンスストアに行っても、ペットボトル飲料は、お店のいちばん奥にある。なぜかな？ → 31 ページ

店の入り口、まん中、奥に、何が置いてあるのか事前に調べてから理由を聞こう。「スーパーマーケットとは、ここがちがうな」と思ったところもチェックしよう！

コンビニエンスストアを調べよう

売り場の配置のくふう

コンビニエンスストアでは、期間限定の商品を考えて売り出したり、商品を置く場所を考えたりして、売り場づくりをしています。どんなくふうがあるのか見ていきましょう。

くふう ① お店でいちばん目立つ場所に、季節の商品をならべる！

コンビニエンスストアには、商品を売るためのくふうがたくさんあります。その一つは、お店の中でいちばん目立つ場所に、期間限定の「季節の商品」をならべることです。季節の商品にはテーマがあって、それを決めるのはコンビニエンスストアの本部です。たとえば、秋の「北海道フェア」、春の「お花見フェア」などのテーマを、全国のお店に伝えます。

お店では、テーマに合う商品をたくさん仕入れ、期間限定で、コーナーをつくって売り出します。すると、お客さんは「買えるのは今だけ！」という気もちになり、商品が売れていくのです。

中には、自分たちでテーマを考えて、季節の商品を売り出すお店もあります。たとえば、河原が近くにある地域のお店では、バーベキューの季節に、便利に使える商品をそろえて売り出したりして、商品を売るくふうをしています。

▲秋の終わりに、お店に登場した新発売のチョコレート。冬の季節にぴったりな、雪をイメージしたものもあるよ。

フェアの商品のほかに、その季節に合った新商品も売り出されるんだね。

◀秋の「北海道うまいものフェア」の商品。別のフェアが近づくと値引き販売して、むだを出さないくふうをするよ。

2 売れる商品はいちばん奥に、よく使う商品は入り口に！

コンビニエンスストアで、よく売れる商品は飲みものです。そのため、ペットボトル飲料の売り場は、お店のいちばん奥にあります。どうして、よく売れる商品を入り口から遠い場所に置くのでしょうか？

これも、たくさん商品を買ってもらうためのお店のくふうです。飲みものを買いに来たお客さんは、奥にある売り場にむかう間に、いろいろな商品を目にします。すると、ほかの商品を買ってくれる可能性が出てきます。そこで、よく売れる商品ほど、入り口からはなれた場所にならべられるのです。

反対に、お店の入り口に近い場所には、その季節によく使う商品を置きます。たとえば、春と夏は汗をおさえるスプレー、秋と冬は帽子や手ぶくろ、体をあたためたいときに使うカイロなどが、お店に置いてあります。これらも、お客さんの便利さを考えたくふうです。

▲お店のいちばん奥にある、ペットボトル飲料。裏から商品を補充し、品切れにならないように注意している。

▲秋と冬によく使われる、手ぶくろやネックウォーマー、カイロなどが置かれたたな。

▲まわりに会社が多いお店の文具コーナー。たくさん商品がならんでいる。住宅街のお店では、生活雑貨が多くなる。

お店の人に、どんなお客さんが多いのか聞いてみて、よく売れる商品とどんな関係があるのか考えてみよう。

お仕事インタビュー

お店を利用する人に合わせて品ぞろえをくふうしています

コンビニエンスストアの売り場の面積は、スーパーマーケットにくらべて、とても小さいです。当店も、150㎡〜200㎡くらいの広さです。都心部ではもっと小さなお店もあるんですよ。

どのお店も、かぎられた広さの中で、なるべくたくさん商品をそろえようとがんばっています。商品は、基本的には全国どこでも同じですが、場所によって、お客さまが特にほしい商品はかわってきます。まわりに会社が多いこのお店は、仕事で使う文具などを、多くそろえています。

（コンビニエンスストア店長）

コンビニエンスストアを調べよう

さまざまな便利機器を設置する!

セルフレジやコピー機、銀行の ATM などを置き、お客さんが便利に使えるくふうをしている
コンビニエンスストア。お店にある、さまざまな機器に注目してみましょう。

くふう 3 セルフレジを入れて、待つお客さんをへらす!

　最近のコンビニエンスストアでは、お店の人に会計をしてもらうレジだけでなく、自分で商品のバーコードを読み取って会計をする、「セルフレジ」もふえてきました。お店によって、何台もあるところと、入れていないところがあります。

　お店にセルフレジを置く理由は、お客さんの待ち時間を少なくすることと、お店のスタッフの作業をスムーズにするためです。

　セルフレジには、現金が使えず、電子マネーなどで会計するタイプと、現金での支払いもできるタイプがあります。使い方もかんたんなので、買いものだけをして、すぐに帰りたいお客さんにはとても便利です。スタッフも、レジにかかりきりにならずにすむので、その間、ほかの作業ができます。ただし、バーコードのない商品などは、2020 年現在はふつうのレジで会計をする決まりになっています。

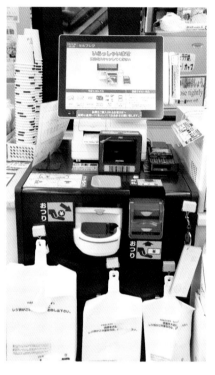

◀現金が使えるタイプのセルフレジ。バーコードの読み取りから、支払いまで自分でおこなう。レジぶくろも置いてある。

セルフレジは、スーパーマーケットでよく使われるセミセルフレジ（➡ 18 ページ）と、どこがちがうのかな？

▲お店のスタッフがいるレジ。商品を買うほか、通信販売の商品受け取りや公共料金の支払いも代理でおこなってくれる。

くふう 4 チケットの申しこみや、保険の手つづきもできる！

銀行と同じようにお金をあずけたり、おろしたりできるATMは、ほとんどのコンビニエンスストアにあります。手つづきのためのお金はかかりますが、ほぼいつも利用できて便利です。

インターネットにつながっている機器では、スポーツ観戦、コンサート、飛行機のチケットや、テーマパークの入場券を申しこめます。予約したチケットは、レジで料金を支払えば発行してもらえます。自動車・自転車の保険に入る手つづきも、この機器でおこなえます。

また、一台で、いろいろなことができるマルチコピー機を置くお店も多く、スマートフォンでとった画像がプリントできたり、住民票などの発行もできます。

こうしたサービスのおかげで、お客さんはさまざまな用事を一度にすませることができます。これも、お客さんが便利に使えることを考えた、コンビニエンスストアのくふうなのです。

コンビニにあるさまざまな機器

▲ふつうのコピーのほかに、写真データを送信してプリントしたり、いろいろなことができるマルチコピー機。入り口から近い場所にあることが多い。

コンビニエンスストアでは、切手やハガキの販売や、宅配便の荷物のあずかりなどもおこなっているよ。ほかには、どんなサービスがあるか、聞いてみよう。

◀銀行のATMを利用するお客さん。機器の横に仕切りがあるよ。これは、手もとが見えないようにしたくふうだ。

▲スポーツやコンサートのチケットなどを申しこめる機器。マルチコピー機で、同じようなことができるお店もあるよ。

商品を買ってもらうためのくふう

コンビニエンスストアに行くと、ついいろいろな商品を買いたくなりますよね。
お客さんに商品を買ってもらうために、お店はどんなくふうをしているのでしょうか。

くふう5 つねに商品を補充し、新商品でお店のファンをゲット

「いつでも、ほしい商品を買える」のがコンビニエンスストアのいちばんの魅力。その魅力を、多くのお客さんに感じてもらうために、お店では、商品管理をしっかりおこなっています。商品の数が少なくなると、すぐに倉庫から出して補充します。商品の発注も、品切れになる前におこない、つねにたくさんの商品が売り場にならぶようにしています。

また、「いつ行っても新しさがある」と思わせることも大事です。その秘密は、毎週発売される新しい商品です。おにぎり、弁当、お菓子などの売り場には「新発売」のシールがはられた、いくつもの新商品がならびます。

商品だなが、つねに商品でいっぱいだったり、新発売の商品がたくさんならんでいたりすると、お店に行くことが楽しみになります。これらも、お店がファンをふやすくふうなのです。

▲いちばん上のたなまで、ずらりならんだカップめんの新商品。たなに、新発売のシールがたくさんはってあるよ。

多くのコンビニエンスストアでは、火曜日に新商品が発売されるんだって。実際にお店に行ってたしかめて、理由も聞いてみよう。

◀商品の情報はコンピューターで管理。今ある商品の数や売り上げなどを調べて、必要な商品を発注する。

くふう6 毎日きれいにそうじして、いごこちのよいお店に！

コンビニエンスストアにとって、「いごこちのよさ」はとても大事なことです。いごこちがよければ、商品をじっくり見てもらえますし、何度も足をはこんでもらえるからです。そのため、お店では、店内のそうじを、徹底しておこないます。

24時間営業のコンビニエンスストアの場合、最初のそうじは朝6時くらいにはじめます。まず、お店の入り口をそうじし、お店にはこばれてきた商品をならべ、お客さんをむかえます。そのあとも、決められた時間にトイレや商品だなのそうじをしたり、ゆかをみがいたりして、きれいな状態をたもっていきます。

また、商品だなの手前の品物が売れたら、次に買うお客さんのために、奥の商品を手前に出します。こうして、お客さんが買いものをしやすい売り場をととのえていくことが、多くのお客さんに来てもらうことにつながります。

お仕事インタビュー

コーヒーマシーンと、手づくりのそうざいが大人気！

どのコンビニでもコーヒーマシーンは人気です。当店には、買った商品を店内で食べられるイートインがありますが、コーヒーマシーンを入れたことで利用するお客さまがふえました。

また、手づくりのそうざいをあつかっているお店もあります。お店の調理場で、手づくりの弁当やおにぎりといっしょにつくっています。手づくりの食品は、お昼に近くの会社から買いに来るお客さまにとても人気があるんですよ

（コンビニエンスストア店長）

◀大人気のコーヒーマシーン。レジの近くに置くことで、お客さんが気軽に買いやすいようにしている。

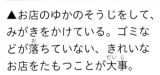

▲お店のゆかのそうじをして、みがきをかけている。ゴミなどが落ちていない、きれいなお店をたもつことが大事。

▲売れた列のおにぎりを、手前に出すスタッフ。お客さんが、商品を買いやすいようにととのえるのもお店のくふうだ。

コンビニエンスストアにも、そのお店のPB商品（➡17ページ）がある。お店の人に、商品の特徴について聞いてみよう！

35

まとめる 取材結果をくらべよう

> どちらも品物をお客さんに売るお店だったね。

スーパーマーケットにつづき、コンビニエンスストアの取材もおわりましたね。今度はスーパーマーケットとコンビニエンスストアをくらべて、にている点やちがう点をさがしてみましょう。

コンビニエンスストアの取材結果について

スーパーマーケットの取材と同じように、コンビニエンスストアの仕事とくふうをまとめてみましょう。グループで話し合い、取材メモを見ながら、コンビニエンスストアの特徴をかじょう書きにして表にしたり、カードにしたりして書き出していきます。

今回はスーパーマーケットと同じところ、ちがうところをくらべていくので、そのあたりも意識しておきましょう。「営業時間」「お店の大きさ」「仕入れの回数」などは、ちがいをくらべやすいポイントですね。

> コーヒーマシンやチケットの発券機もコンビニエンスストアならではのものだね。

ポイント！ コンビニエンスストアの特徴

面積がせまく、倉庫も小さい

お店の数が多い

1日の仕入れの回数は 10 回以上

多くのお店が 24 時間営業

安売りはあまりしない

なまの肉、魚、野菜はほとんど置いていない

チケットの発券や公共料金の支払いができる

新商品が多い

コンビニエンスストアのレジのまわりにあるもの

・コーヒーマシーン

・おでん

・肉まん

・ホットスナック

コンビニエンスストアにある便利なもの

・プリンター（コピー機）

・ATM

・チケット発券機

・イートインスペース

スーパーマーケットとコンビニエンスストア、くらべてみよう

　スーパーマーケットとコンビニエンスストアでは、お客さんの目的が少しちがうようです。スーパーマーケットでは野菜や肉など、家で調理する材料が多く売っていましたが、コンビニエンスストアではお弁当やパンなど、できあがったものを多くあつかっていました。目的に合わせて商品をそろえ、売るためのくふうをしているのです。

　下のような図にして、まとめてみましょう。

> コンビニエンスストアは仕入れの回数を多くしてたくさんの商品を置いていたね。

ポイント！ 同じところとちがうところ

　スーパーマーケットとコンビニエンスストアの同じところとちがうところを、下のような図にして、分けてみましょう。重なる部分が同じところです。

スーパーマーケット
朝から夜の営業
面積が広い
野菜、魚、肉の売り場が大きい
手づくりのそうざいが多い
安売りのチラシがある
カートがある

共通
お客さんに商品を売る
お客さんが便利だと思う
くふうをしている
セルフレジ（セミセルフレジ）
ＰＢ商品（オリジナル商品）

コンビニエンスストア
24 時間営業（営業時間が長い）
面積がせまい
弁当やパン、飲みものの
売り場が大きい
宅配便のあずかり
チケットの発券
公共料金などの支払い
コーヒーマシーン
新発売の商品が多い

いろいろなまとめ方

取材結果をくらべたり、考えをまとめるときには、さまざまな図や表、グラフなどが役に立ちます。次のような方法で、考えを広げたり整理したりしてみましょう。

図や表、グラフのことを「チャート」というよ。

同じところ、ちがうところをくらべる！

37ページ下図のように、スーパーマーケットとコンビニエンスストアをくらべるために使用したまとめ方を、「ベン図」といいます。2つの円を使って、2つのものの同じところとちがうところをあらわす図です。

円が重なる部分は同じ特徴、重なっていない部分はそれぞれにしかない特徴です。スー

パーマーケットやコンビニエンスストアなど、似ているところが多いお店や仕事をくらべるときには、とても効果的な方法です。下の図ではテレビと新聞をくらべてみました。

同じところやそれぞれの強みがひと目でわかるね！

ポイント！ ベン図の例

テレビ	共通	新聞
映像と音 録画ができる すぐに伝えられる 無料のチャンネルが多い	多くの人に伝えられる CMや広告がある	文字と写真 切りぬきができる くわしく伝えられる 月3～4千円かかる

さまざまなまとめ方・くらべ方

ほかにも、いろいろなまとめ方があります。調べた内容によって、使い分けましょう。

★マトリックス

たて線と横線で表をつくり、項目ごとにくらべる方法を「マトリックス」といいます。同じところをくらべることもできますが、ならべることでそれぞれのちがいをより強調できます。「大きさ」「時間」「回数」「速さ」など、数をくらべてあらわすときにもとても便利な図です。

★ Ｘ チャート・Ｙ チャート

たくさんのことがらを整理したり、分類したりするときに役に立ちます。紙に大きく「Ｘ」や「Ｙ」を書き、それぞれどこにあてはまるか考えていく方法です。先にカードやふせんに書き出したものをはっていくやり方もあります。グループで話し合うときにもおすすめです。

ポイント！ **マトリックスの例**

	パン屋	レストラン
売っているもの	パンなどの食べもの	いろいろな食べもの
営業時間	朝から夕方	昼から夜
食べる場所	家などで食べる	お店で食べる
つくるタイミング	つくってならべる	注文されてからつくる

どのまとめ方にもいいところがあるよ。目的に応じて使い分けよう。

ポイント！ **Ｘチャートの例**

花屋さんの仕事

- お店のくふう: 季節の花を見えやすい場所におくなど、きれいに見えるならべ方を研究
- 仕入れのくふう: 朝早くから市場に行って売れそうな花をえらぶ
- 接客のくふう: 質問に答えられるように勉強する
- 商品のくふう: 花たばやブーケ、フラワーアレンジメントの制作

ポイント！ **Ｙチャートの例**

警察署の仕事

- 窓口の仕事: 免許証の交付、落としものの取りまとめ
- 交通課の仕事: 交通違反の取りしまり、交通安全イベントをひらく
- 交番の仕事: 道案内や迷子の保護、町のパトロール

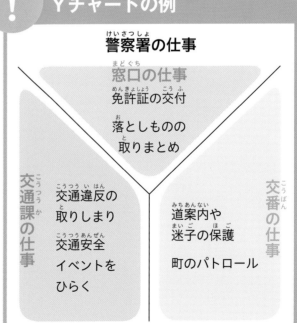

さくいん

編集	株式会社 アルバ
取材協力	株式会社 いなげや（いなげや小金井東町店） ミニストップ 株式会社（ミニストップ神田錦町３丁目店）
執筆協力	望月 裕美子、落合 初春
写真撮影	五十嵐 佳代、泉山 美代子
イラスト	山本 篤、彩 いろは
ブックデザイン	鷹觜 麻衣子
DTP	チャダル 108、スタジオポルト

仕事のくふう、見つけたよ

スーパーマーケット・コンビニエンスストア

初版発行 2020 年 2 月

監修	青山 由紀
発行所	株式会社 金の星社
	〒111-0056 東京都台東区小島1-4-3
	TEL 03-3861-1861(代表)　FAX 03-3861-1507
	振替 00100-0-64678　ホームページ http://www.kinnohoshi.co.jp
印刷	広研印刷 株式会社
製本	株式会社 難波製本

NDC376　40ページ　29.2cm　ISBN978-4-323-05181-9
©Aoyama Yuki, Yamamoto Atsushi, Irodori Iroha, ARUBA inc. 2020　Published by KIN-NO-HOSHI SHA, Tokyo, Japan
■乱丁落丁本は、ご面倒ですが小社販売部宛にご送付下さい。送料小社負担にてお取替えいたします。

JCOPY 出版者著作権管理機構 委託出版物
本書の無断複写は著作権法上での例外を除き禁じられています。
複写される場合は、そのつど事前に、出版者 著作権管理機構
（電話 03-5244-5088、FAX 03-5244-5089、e-mail: info@jcopy.or.jp）の許諾を得てください。
※本書を代行業者等の第三者に依頼してスキャンやデジタル化することは、たとえ個人や家庭内での利用でも著作権法違反です。

仕事のくふう、見つけたよ

全**4**巻

スーパーマーケット・コンビニエンスストア

みんなの食生活を支えているスーパーマーケットとコンビニエンスストア。スーパーマーケットの入り口付近に野菜・果物売り場があることが多い理由や、コンビニエンスストアでおこなっている便利なサービスなど、意外と知らない「仕事のくふう」がたくさん！

おもな内容:【インタビューのしかた】／【スーパーマーケットを調べよう】売り場の配置には、くふうがたくさん！／野菜売り場、魚売り場のくふう など／【取材結果をふりかえろう】／【文章にまとめて報告しよう】／【コンビニエンスストアを調べよう】売り場の配置のくふう／さまざまな便利機器を設置する！ など／【取材結果をくらべよう】

パン屋さん・レストラン

食べ物を作り提供するパン屋さんとレストラン。開店直後に焼きたてパンを並べるため、朝からおこなうパンづくりや、レストランで素早く料理がだせる秘密、新商品・新メニューを考えるアイデアなど、お客さんに喜んでもらうためのくふうを紹介します。

おもな内容:【インタビューのしかた】／【パン屋さんを調べよう】パンづくりのくふう／新商品を考えるくふう／パンのならべ方や店づくりのくふう など／【取材結果をふりかえろう】／【文章にまとめて報告しよう】／【レストランを調べよう】フロアの仕事のくふう／キッチンの仕事のくふう など／【取材結果をくらべよう】